JN441003

세계의 지성 200인이 전하는 삶을 대하는 태도

200개의 위대한
영어 명문장 필사

탑메이드북

Preface

이른 아침, 알람 소리에 일어나 급하게 준비하고 정신없이 바쁜 하루를 보내고 또다시 사람의 바다를 뚫고 집으로 돌아오는 우리의 삶에 '나'라는 존재를 돌봐주고 다독여줄 사람은 누구일까요? 여러분은 오늘도 고생한 '나'에게 칭찬과 격려를 해주신 적이 있나요?

우리는 모두 나의 소중한 것들을 위해 앞을 바라보면서 정작 가장 소중한 '나'라는 존재는 소홀히 하기 쉽습니다. 그러다 보면 불안과 스트레스가 우리의 마음을 잠식하고 결국 병이 들고 말죠. 이 마음의 병을 치료하는 데 효과가 좋은 심리치료 기법에는 인지행동치료법이 있는데, 그 방법 중 하나로 나의 감정과 생각 쓰기가 있지요. 그래서 『200개의 위대한 영어 명문장 필사』에서는 독자 여러분이 본문의 글을 따라 쓰며 좋은 글귀를 마음에 담아 자신을 돌아볼 수 있도록 했고, 내 마음과 감정을 정리한 글을 쓸 수 있는 공간을 마련했습니다.

『200개의 위대한 영어 명문장 필사』의 필사는 단순히 글을 읽고 따라 쓰는 것에서 그치는 것이 아니라 내 마음을 다독이고 위로해 주는 'self-therapy'에 더 큰 목적이 있습니다. 자유롭게 써 보세요. 꼭 첫 장부터 시작하지 않아도 됩니다. 목차를 보면서 그날그날 나에게 필요한 주제를 골라 책을 펼쳐 날짜를 적고 따라 쓰는 거예요. 하루 중 언제든지 책을 펼쳐 자신을 다독여 주세요. 글을 읽고, 따라 쓰고, 내 마음과 감정도 써 보세요. 매일 한 장씩 써도 좋고 내 마음이 필요할 때 써도 좋습니다. 영향력 있는 사람들의 200개의 말이 여러분의 마음에 위로가 될 거예요. 그리고 이 책이 끝나갈 무렵, 여러분의 마음이 이전보다 고요해지고 평온해지기를 바랍니다.

– 이원준 드림

Contents

Chapter **01** 꿈과 희망을 찾아서 ······ 004

Chapter **02** 노력과 도전 정신을 찾아서 ······ 026

Chapter **03** 성공을 찾아서 ······ 048

Chapter **04** 감사와 겸손을 찾아서 ······ 070

Chapter **05** 용기를 찾아서 ······ 092

Chapter **06** 영원한 우정을 찾아서 ······ 114

Chapter **07** 사랑을 찾아서 ······ 136

Chapter **08** 삶의 의미를 찾아서 ······ 158

Chapter **09** 지혜로운 삶을 찾아서 ······ 180

Chapter **10** 끊임없는 배움을 찾아서 ······ 202

Chapter 1

꿈과 희망을 찾아서

Far away there in the sunshine are my highest aspirations. I may not reach them, but I can look up and see their beauty, believe in them, and try to follow where they lead.

– Louisa May Alcott

저 멀리 햇살 속에는 내 가장 큰 염원들이 있죠. 내가 비록 거기에 도달하지 못하더라도 난 그것을 올려다보며 그 아름다움을 볼 수 있고, 믿을 수 있고 그것이 이끄는 곳을 따라가려고 할 수 있어요.

My memo

• aspiration 염원, 열망

Hope is the companion of power, and mother of success; for who so hopes strongly has within him the gift of miracles.

– Samuel Smiles

희망은 힘의 동반자이며 성공의 어머니이다. 큰 희망을 품는 사람에게는 기적을 행할 능력이 있기 때문이다.

My memo

• companion 동반자

Hope is a renewable option:
If you run out of it at the end of the day,
you get to start over in the morning.

– Barbara Kingsolver

희망이란 재생 가능한 옵션이죠.
하루의 끝에 희망이 바닥나더라도, 아침에 다시 시작할 수 있으니까요.

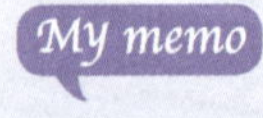

• renewable 재생 가능한

If you follow your dream, if you try to live as you dream, the dream will be everyday life unexpectedly.

– Henry David Thoreau

꿈을 좇고, 꿈꾸는 대로 살고자 한다면,
그 꿈은 예기치 못한 순간, 당신의 일상이 될 것이다.

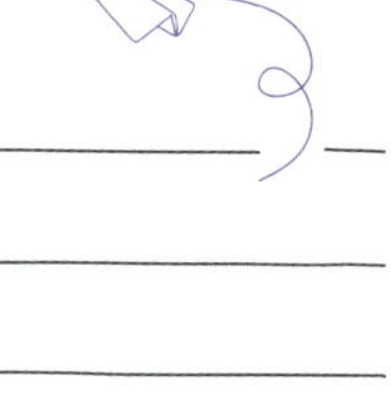

• follow 따르다, 좇다　unexpectedly 예기치 못하게, 갑자기

Consult not your fears but your hopes and your dreams. Think not about your frustrations, but about your unfulfilled potential.

– Pope John XXII

두려움을 생각하지 말고 희망과 꿈에 대해 생각하라.
좌절을 생각하지 말고 아직 실현되지 않은 잠재력에 대해 생각하라.

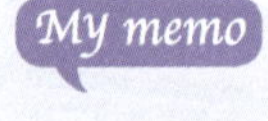

• **unfulfilled** 실현되지 않은

Learn from yesterday, live for today, hope for tomorrow.
The important thing is not to stop questioning.

– Albert Einstein

어제로부터 배우고, 오늘을 살고, 내일을 희망하라.
중요한 것은 질문을 멈추지 않는 것이다.

The very least you can do in your life is figure out what you hope for. And the most you can do is live inside that hope.

- Barbara Kingsolver

당신 인생에서 최소한으로 할 수 있는 일은 무엇을 희망하는지를 알아내는 것이다. 그리고 당신 인생에서 최대한으로 할 수 있는 일은 그 희망 속에서 살아가는 것이다.

• figure out 알아내다

A pessimist sees the difficulty in every opportunity; an optimist sees the opportunity in every difficulty.

– Winston Churchill

비관론자는 모든 기회에서 어려움을 찾고,
낙관론자는 모든 어려움에서 기회를 찾는다.

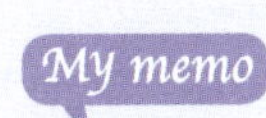

• pessimist 비관론자 opportunity 기회 optimist 낙관론자

All our dreams can come true. If we have the courage to pursue them.

– Walt Disney

우리의 모든 꿈은 이뤄질 것이다. 꿈을 밀고 나갈 용기만 있다면.

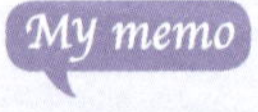

• courage 용기　pursue 밀고 나가다, 추구하다

A dream written down with a date becomes a goal. A goal broken down becomes a plan. A plan backed by action makes your dream come true.

– Greg S. Reid

꿈에 날짜를 적으면 목표가 되고, 목표를 잘게 나누면 계획이 되고, 계획을 실행에 옮기면 꿈이 현실이 된다.

• break down 나누다, 부수다

Don't be pushed around by the fears in your mind.
Be led by the dreams in your heart.

– Roy T. Bennett

마음속 두려움에 휘둘리지 말고 마음속 꿈에 이끌려라.

My memo

• be pushed around 밀려다니다, 좌지우지되다

It is difficult to say what is impossible, for the dream of yesterday is the hope of today and the reality of tomorrow.

– Robert H. Goddard

무엇이 불가능한 것인지 말하기는 어렵다.
왜냐하면 어제의 꿈은 오늘의 희망이 되고, 내일의 현실이 되기 때문이다.

• difficult 어려운, 힘든 reality 현실

Optimism is the faith that leads to achievement.
Nothing can be done without hope and confidence.

– Helen Keller

낙관주의는 성공으로 이끄는 믿음이다. 희망과 자신감 없이는 아무것도 이뤄질 수 없다.

My memo

Truth is like the sun. You can shut it out of for a time, but it doesn't go away.

– Elvis Presley

진실은 태양과도 같다. 잠시 가릴 수는 있지만 사라지지는 않기 때문이다.

• truth 진실, 사실 go away 사라지다, 없어지다

Hold your head high, stick your chest out.
You can make it. It gets dark sometimes,
but morning comes. Keep hope alive.

– Jesse Jackson

고개를 꼿꼿이 들고 가슴을 펴라. 당신은 해낼 수 있다.
가끔 어둠이 찾아오겠지만, 아침은 온다. 희망을 잃지 마라.

My memo

Dreams come true. Without that possibility, nature would not incite us to have them.

– John Updike

꿈은 이루어진다. 그럴 가능성이 없다면
이 세상은 우리에게 꿈꾸게 하지 않았을 것이다.

• possibility 가능성 nature 세상, 세계, 자연 incite ~하게 하다

Dare to live the life you have dreamed for yourself.
Go forward and make your dreams come true.

– Ralph Waldo Emerson

당신이 꿈꿔왔던 삶을 과감히 살아보라.
그리고 앞으로 나아가 꿈을 실현하라.

• dare to 과감히 ~하다

A dream you dream alone is only a dream.
A dream you dream together is reality.

– Yoko Ono

혼자서 꾸는 꿈은 꿈으로 그치지만 함께 꾸는 꿈은 현실이 된다.

• alone 혼자 together 함께, 같이

Throw your dreams into space like a kite,
and you do not know what it will bring back,
a new life, a new friend, a new love, a new country.

– Anais Nin

당신의 꿈을 연처럼 우주로 날려 보내세요.
무엇이 돌아올지는 아무도 모릅니다.
새로운 삶, 새로운 친구, 새로운 사랑, 새로운 나라가 될 수도 있죠.

You are never given a wish without also being given the power to make it come true. You may have to work for it, however.

– Richard Bach

소원을 빌 때는 그 소원을 이룰 힘도 함께 주어진다.
다만, 그 힘을 얻기 위해서는 노력해야만 한다.

My memo

Chapter 2

노력과 도전 정신을 찾아서

I can't change the direction of the wind, but I can adjust my sails to always reach my destination.

– Jimmy Dean

나는 바람의 방향을 바꿀 수 없다.
하지만 목적지에 도착할 수 있도록 돛을 조정할 수 있다.

My memo

If you can't fly then run, if you can't run then walk, if you can't walk then crawl, but whatever you do you have to keep moving forward.

– Martin Luther King Jr.

날지 못한다면 뛰어라. 뛰지 못한다면 걸어라. 걷지 못한다면 기어라. 무엇을 하든 계속해서 앞으로 나아가라.

My memo

• crawl 기다 forward 앞으로

There will be obstacles. There will be doubters. There will be mistakes. But with hard work, there are no limits.

– Michael Phelps

장애물이 있을 것이다. 의심하는 사람들도 있을 것이다.
실수도 있을 것이다. 하지만 노력만 있다면 한계는 없다.

My memo

Start by doing what's necessary, then what's possible; and suddenly you are doing the impossible.

– St. Francis of Assisi

필요한 일부터 시작하고 그 다음으로 할 수 있는 일을 하라.
그러면 어느새 불가능한 일도 해내고 있을 것이다.

My memo

Every challenge, every adversity, contains within it the seeds of opportunity and growth.

- Roy T. Bennett

모든 도전과 역경에는 기회와 성장의 씨앗이 담겨 있다.

• contain 들어 있다   seed 씨앗

Waste no more time talking about great souls and how they should be. Become one yourself!

– Marcus Aurelius Antonius

위인이나 위인의 조건에 대한 논쟁으로 시간을 낭비하지 마라.
스스로 위인이 되어라!

My memo

• waste 낭비하다

It's lack of faith that makes people afraid of meeting challenges, and I believe in myself.

– Muhammad Ali

믿음의 부족이 사람들로 하여금 도전에 맞서는 것을 두려워하게 만든다.
나는 내 자신을 믿는다.

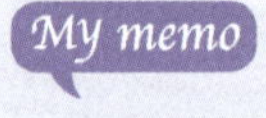

• faith 믿음, 신뢰

In a moment of decision, the best thing you can do is the right thing to do, the next best thing is the wrong thing, and the worst thing you can do is nothing.

– Theodore Roosevelt

결정의 순간에 당신이 할 수 있는 가장 좋은 선택은 옳은 일을 하는 것이고, 그다음으로 좋은 선택은 잘못된 일을 하는 것이며, 최악의 선택은 아무것도 하지 않는 것이다.

They always say time changes things, but you actually have to change them yourself.

– Andy Warhol

사람들은 시간이 모든 것을 바꾼다고들 하지만, 실제로는 당신이 그 모든 것을 바꿔야 한다.

My memo

Nothing great in the world has been accomplished without passion.

– Georg Wilhelm Friedrich Hegel

이 세상에 열정없이 이루어진 위대한 것은 없다.

• accomplished 위대한, 뛰어난

Change will not come if we wait for some other person or some other time. We are the ones we've been waiting for. We are the change that we seek.

– Barack Obama

변화는 우리가 다른 사람이나 다른 시간을 기다린다고 해서 오는 것이 아니다.
우리가 바로 우리가 기다리던 사람인 것이다.
우리가 바로 우리가 찾던 변화인 것이다.

• seek 찾다

Most of the important things in the world have been accomplished by people who have kept on trying when there seemed to be no hope at all.

– Dale Carnegie

이 세상의 가장 위대한 업적들은 희망이 보이지 않는 상황에서도 끊임없이 도전한 사람들이 이룬 것이다.

• accomplish 이루다, 성취하다 seem 보이다

Twenty years from now you will be more disappointed by the things you didn't do than by the things you did.

– Mark Twain

지금으로부터 20년 후에, 당신은 당신이 했던 일보다 하지 않았던 일을 더 후회할 것이다.

My memo

If you're never scared or embarrassed or hurt, it means you never take any chances.

– Julia Sorel

당신이 한번도 두려워하거나 창피해하거나 상처받은 적이 없다면,
당신은 아무런 위험도 감수하지 않은 것이다.

• embarrassed 당혹스러운, 창피한

I don't divide the world into the weak and the strong, or the successes and the failures.
I divide the world into the learners and the non-learners.

– Benjamin Barber

나는 세상을 약한 사람과 강한 사람으로 나누거나 성공한 사람과 실패한 사람으로 나누지 않는다.
나는 세상을 배우는 사람과 배우지 않는 사람으로 나눈다.

My memo

If you don't give anything, don't expect anything.
Success is not coming to you, you must come to it.

– Marva Collins

아무것도 주지 않았다면 아무것도 기대하지 마라.
성공은 당신에게 오는 것이 아니라, 당신이 직접 쟁취해야 하는 것이다.

My memo

Growth is painful. Change is painful.
But, nothing is as painful as staying stuck where you do not belong.

– N. R. Narayana Murthy

성장은 고통스럽다. 변화도 고통스럽다.
그러나 자신이 속하지 않은 곳에 머물러 있는 것만큼 고통스러운 것은 없다.

My memo

It's not whether you get knocked down, it's whether you get back up.

– Vince Lombardi

쓰러지는지 아닌지가 중요한 것이 아니라 다시 일어서는지가 중요한 것이다.

My memo

• whether ~인지 아닌지

Real change happens bit by bit.
It takes great effort to become effortless at anything.
There are no quick fixes.

– Geneen Roth

진정한 변화는 조금씩 일어난다.
무언가 수월하게 해내려면 엄청난 노력이 필요하다.
빠른 해결책은 없다.

My memo

• fix 해결책

There are no great people in this world. Only great challenges which ordinary people rise to meet.

– William Halsey Jr.

세상에 위대한 사람은 없다. 평범한 사람들이 일어나 맞서는 위대한 도전이 있을 뿐이다.

My memo

• ordinary 평범한

Chapter 3

성공을 찾아서

You can learn a little from victory; you can learn everything from defeat.

– Christy Mathewson

승리로부터는 조금 배울 수 있지만, 패배로부터는 모든 것을 배울 수 있다.

• victory 승리　defeat 패배

Success seems to be connected with action.
Successful people keep moving.
They make mistakes, but they don't quit.

– Conrad Hilton

성공은 행동과 관련이 있는 것 같다.
성공한 사람들은 계속해서 움직인다.
그들도 실수를 하지만 포기하지 않는다.

People with goals succeed because they know where they are going. It's as simple as that.

– Earl Nightingale

목표가 있는 사람은 성공한다. 왜냐하면 그들은 어디로 가는지를 알고 있기 때문이다. 성공은 그렇게 간단한 것이다.

• goal 목표

Success follows doing what you want to do. There is no other way to be successful.

– Malcolm S. Forbes

성공은 하고 싶은 일을 할 때 비로소 찾아온다. 성공하는 다른 방법은 없다.

• way 방법

Success is no accident.
It is hard work, perseverance, learning, studying, sacrifice and most of all, love of what you are doing or learning to do.

– Pelé

성공은 우연이 아니다.
노력, 인내, 배움, 공부, 희생, 그리고 무엇보다도 당신이 하는 일이나 배우고 있는 일에 대한 사랑의 결과이다.

• perseverance 인내

It's fine to celebrate success but it is more important to heed the lessons of failure.

– Bill Gates

성공을 축하하는 것도 좋지만 실패를 통해 얻은 교훈에 주의를 기울이는 것이 더 중요하다.

• heed 주의를 기울이다

Never mind what others do; do better than yourself, beat your own record from day to day, and you are a success.

– William J. H. Boetcker

다른 사람이 뭘 하든 신경 쓰지 마라. 지금보다 더 잘하려고 노력하고 날마다 스스로의 기록을 깨라. 그러면 당신은 성공한 사람이다.

• day to day 날마다, 그날그날의 success 성공, 성공한 사람

We all have a few failures under our belt. It's what makes us ready for the successes.

– R. K. Milholland

우리 모두는 몇 번의 실패를 겪는다. 그 실패는 우리를 성공으로 이끈다.

• under one's belt 경험한, 성취한

The person who makes a success of living is the one who sees his goal steadily and aims for it unswervingly. That is dedication.

– Cecil B. DeMille

인생에서 성공하는 사람은 자신의 목표를 꾸준히 바라보고, 흔들림 없이 그것을 향해 나아가는 사람입니다. 그것이 바로 헌신입니다.

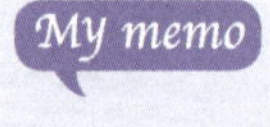

• steadily 꾸준히 unswervingly 변함없이

There are no secrets to success.
It is the result of preparation, hard work, and learning from failure.

– Colin Powell

성공에는 비결이 따로 없다.
성공은 준비와 노력, 그리고 실패로부터 배운 교훈의 결과이다.

My memo

A little more persistence, a little more effort and what seemed hopeless failure may turn to glorious success.

- Elbert Hubbard

조금 더 끈기있게 노력하고 조금 더 애쓰면 절망적인 실패로 보였던 것도 영광스러운 성공으로 바뀔 수 있다.

My memo

• persistence 끈기

Obstacles can't stop you. Problems can't stop you.
Most of all, other people can't stop you.
Only you can stop you.

– Jeffrey Gitomer

장애물도 당신을 막을 수 없다. 곤경도 당신을 막을 수 없다.
무엇보다도, 다른 사람들도 당신을 막을 수 없다.
오직 당신만이 당신을 멈출 수 있다.

Success is not the key to happiness.
Happiness is the key to success.
If you love what you are doing, you will be successful.

– Albert Schweitzer

성공은 행복의 열쇠가 아니다.
행복이 성공의 열쇠다.
자신이 하는 일을 사랑한다면, 성공할 것이다.

My memo

If your success is not on your own terms, if it looks good to the world but does not feel good in your heart, it is not success at all.

– Anna Quindlen

만약 당신의 성공이 자신의 방식대로 이룬 성공이 아니라면, 남 보기에 좋아도 자신에게 좋다고 느껴지지 않는다면, 그것은 성공이라고 할 수 없다.

• on one's own terms 자기 방식으로

Many of life's failures are people who did not realize how close they were to success when they gave up.

– Thomas A. Edison

인생에서 실패하는 많은 사람들은 포기할 때 자신이 성공에 얼마나 가까웠는지를 깨닫지 못한 사람들이다.

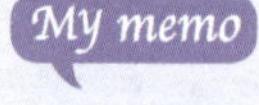

• close 가까운　give up 포기하다

Success without honor is an unseasoned dish; it will satisfy your hunger, but it won't taste good.

– Joe Paterno

명예 없는 성공은 양념이 안 된 요리와 같다. 배고픔을 달래줄 수는 있지만 맛은 없을 것이다.

My memo

• dish 요리 satisfy 만족시키다

Success is the ability to go from one failure to another with no loss of enthusiasm.

– Winston Churchill

성공이란 열정을 잃지 않고 실패를 거듭할 수 있는 능력이다.

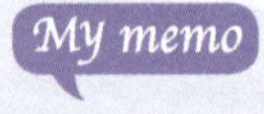

• ability 능력, 재능 enthusiasm 열정

Always bear in mind that your own resolution to succeed is more important than any other.

– Abraham Lincoln

성공하겠다는 스스로의 결심이 다른 어떤 것보다 중요하다는 것을 항상 명심해라.

• bear in mind ~을 명심하다 resolution 결심, 결단력

There is a powerful driving force inside every human being that, once unleashed, can make any vision, dream, or desire a reality.

– Anthony Robbins

모든 인간의 내면에는 강력한 추진력이 있다.
이 힘의 고삐가 풀리면 그 어떤 비전, 꿈, 혹은 욕망이라도 현실로 만들 수 있다.

My memo

One important key to success is self-confidence.
An important key to self-confidence is preparation.

– Arthur Ashe

성공의 중요한 비결 중 하나는 자신감이다.
자신감의 중요한 비결은 준비이다.

• self-confidence 자신감

Chapter 4

감사와 겸손을 찾아서

Gratitude is the beginning of wisdom.
Stated differently, true wisdom cannot be obtained unless it is built on a foundation of true humility and gratitude.

– Gordon B. Hinckley

감사는 지혜의 시작이다.
다시 말해, 진정한 지혜는 진정한 겸손과 감사의 토대 위에 세워지지 않으면 얻을 수 없는 것이다.

• foundation 토대

Associate with well-mannered persons and your manners will improve. Run around with decent folk and your own decent instincts will be strengthened.

– Stanley Walker

예의 바른 사람들과 어울리면 당신의 예절이 좋아질 것이고, 훌륭한 사람들과 어울리면 당신의 좋은 천성이 강해질 것이다.

My memo

• associate 어울리다 decent 품위 있는 strengthen 강화되다

I hope everybody could get rich and famous and will have everything they ever dreamed of, so they will know that it's not the answer.

– Jim Carrey

저는 세상 사람들이 모두 부자가 되고 유명해지고 각자 꿈꿔온 것들을 가질 수 있기를 바랍니다. 그러면 그게 답이 아니라는 걸 알 수 있을 테니까요.

• dream of ~을 꿈꾸다

Never make your most important decisions when you are in your worst moods. Wait. Be patient. The storm will pass. The spring will come.

– Robert H. Schuller

절대로 기분이 안 좋을 때 중요한 결정을 내리지 마라. 기다려라. 인내하라. 폭풍은 지나갈 것이고 봄이 올 것이다.

• patient 인내심 있는

Be thankful for what you have; you'll end up having more. If you concentrate on what you don't have, you will never, ever have enough.

– Oprah Winfrey

당신이 가진 것에 감사하세요. 그럼 더 많이 갖게 될 겁니다.
가지지 못한 것에 집중한다면 당신은 절대로 충분히 갖지 못할 것입니다.

My memo

• thankful 감사하는 concentrate 집중하다

Guard well within yourself that treasure, kindness. Know how to give without hesitation, how to lose without regret, how to acquire without meanness.

– George Sand

친절이라는 보물을 잘 지켜라. 주저 없이 베푸는 법, 후회 없이 지는 법, 비열하지 않게 얻는 법을 배워라.

• hesitation 주저, 망설임 meanness 비열, 비열한 짓

Privilege to work is a gift, the power to work is a blessing, the love of work is success.

– David O. Mckay

일할 수 있는 특권은 선물이고, 일할 수 있는 힘은 축복이고,
일에 대한 사랑은 성공이다.

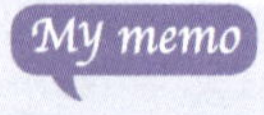

• privilege 특권   blessing 축복

Gratitude can transform common days
into thanksgivings, turn routine jobs into joy,
and change ordinary opportunities into blessings.

– William Arthur Ward

감사하는 마음은 평범한 하루를 축제처럼 바꾸고,
일상적인 일을 기쁨으로 바꾸며, 평범한 기회를 축복으로 바꿀 수 있다.

• transform 바꾸다

The foolish man seeks happiness in the distance, the wise grows it under his feet.

– James Oppenheim

어리석은 사람은 멀리서 행복을 찾고,
현명한 사람은 자신의 발치에서 행복을 키워간다.

My memo

• in the distance 멀리서, 먼 곳에

A thankful heart is not only the greatest virtue, but the parent of all the other virtues.

– Cicero

감사하는 마음은 가장 큰 미덕일 뿐만 아니라, 다른 모든 미덕의 어머니이다.

• virtue 미덕

I'd rather regret the things I've done than regret the things I haven't done.

– Lucille Ball

내가 하지 않은 일을 후회하는 것보다 내가 한 일을 후회하는 게 낫다.

My memo

Nature gives you the face you have at twenty; it is up to you to merit the face you have at fifty.

– Gabriel Coco Chanel

20대 때의 얼굴은 자연이 준 것이지만, 50대 때의 얼굴의 가치는 당신에게 달려 있다.

My memo

• merit 가치

I was always looking outside myself for strength and confidence, but it comes from within. It is there all the time.

– Anna Freud

나는 항상 힘과 자신감을 위해 밖을 바라보았지만 그것은 내면에서 나온다. 그것은 항상 거기에 있었다.

My memo

• within ~의 안에

It was pride that changed angels into devils;
it is humility that makes men as angels.

– Saint Augustine

교만은 천사를 악마로 만들고,
겸손은 인간을 천사로 만든다.

My memo

• pride 자만, 교만 humility 겸손

'Thank you' is the best prayer that anyone could say. I say that one a lot. Thank you expresses extreme gratitude, humility, understanding.

– Alice Walker

'고맙습니다'라는 말은 누구나 할 수 있는 최고의 기도이다.
나는 이 말을 자주 한다.
이 말은 깊은 감사, 겸손, 그리고 이해심을 나타낸다.

My memo

• gratitude 감사

Believe in yourself! Have faith in your abilities! Without a humble but reasonable confidence in your own powers you cannot be successful or happy.

– Norman Vincent Peale

자신을 믿어라! 자신의 능력을 믿어라! 자신의 힘에 대해 겸손하면서도 합리적인 자신감 없이는 성공할 수도 행복할 수도 없다.

My memo

• humble 겸손한 reasonable 합리적인

Humility is the ability to give up your pride and still retain your dignity.

– Vanna Bonta

겸손이란 자존심을 포기하면서도 존엄성을 유지하는 능력이다.

My memo

• retain 유지하다

Someone's sitting in the shade today because someone planted a tree a long time ago.

– Warren Buffett

오늘 누군가가 그늘에 앉아 있는 것은 오래전 누군가가 나무를 심었기 때문이다.

My memo

• shade 그늘

A proud man is always looking down on things and people; and, of course, as long as you are looking down, you cannot see something that is above you.

– C. S. Lewis

교만한 사람은 항상 사물과 사람을 얕보곤 한다.
그리고 당연하게도, 얕보기만 하면, 자신보다 위에 있는 것을 볼 수 없다.

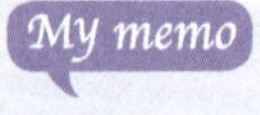

• look down on ~을 얕보다

I always say be humble but be firm.
Humility and openness are the key to success without compromising your beliefs.

– George Hickenlooper

나는 항상 겸손하되 단호해야 한다고 말한다.
겸손과 열린 마음은 자신의 신념을 타협하지 않고 성공할 수 있는 열쇠이기 때문이다.

My memo

• compromise 타협하다

Chapter 5

용기를 찾아서

Whatever you do, you need courage.
Whatever course you decide upon,
there is always someone to tell you that you are wrong.

– Ralph Waldo Emerson

무슨 일을 하든, 당신은 용기가 필요하다.
어떤 길을 선택하든 항상 당신이 틀렸다고 말하는 사람이 있기 때문이다.

My memo

Courage is not the absence of fear,
but rather the assessment that something else is more important than fear.

– Franklin D. Roosevelt

용기란 두려움이 없는 것을 말하는 게 아니라,
두려움보다 더 중요한 것이 있다는 판단이다.

• assessment 평가, 판단

Don't be afraid to take a big step.
You can't cross a chasm in two small jumps.

– David Lloyd George

한 걸음 크게 내딛는 것을 두려워 하지 마라.
작은 두 걸음으로는 깊은 틈을 건널 수 없다.

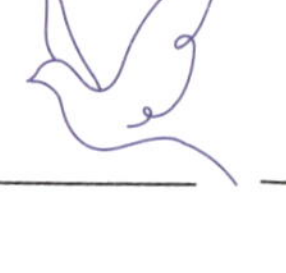

My memo

• chasm (아주 깊은) 틈

Daring ideas are like chessmen moved forward. They may be beaten, but they may start a winning game.

– Johann Wolfgang von Goethe

과감한 생각은 앞으로 전진하는 체스 말과 같다. 비록 패배할지라도 승리할 수도 있는 게임을 시작할 수 있기 때문이다.

• daring 대담한, 과감한

I hope you live a life you're proud of.
And if you find that you're not, I hope you have the strength to start all over again.

– F. Scott Fitzergerald

당신이 자랑스러워하는 삶을 살기를 바랍니다.
만약 그렇지 못하다면, 다시 시작할 힘을 가지시길 바랍니다.

My memo

• proud 자랑스러워하는

Nobody can give you freedom.
Nobody can give you equality or justice or anything.
If you are a man, you take it.

– Malcolm X

그 누구도 당신에게 자유를 줄 수 없다.
평등이나 정의, 그 어떤 것도 줄 수 없다.
당신이 인간이라면 스스로 쟁취해야 한다.

• freedom 자유   equality 평등   justice 정의

Life is inherently risky.
There is only one big risk you should avoid at all costs, and that is the risk of doing nothing.

– Denis Waitley

삶이란 원래 위험한 것이다. 하지만 무슨 수를 써서라도 피해야하는 위험이 있는데, 그것은 바로 아무것도 하지 않는 것이다.

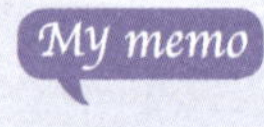

• inherently 원래, 본질적으로

I learned that courage was not the absence of fear, but the triumph over it. The brave man is not he who does not feel afraid, but he who conquers that fear.

– Nelson Mandela

나는 용기란 두려움이 없는 것이 아니라 두려움을 극복하는 것임을 배웠다. 용감한 사람은 두려움을 느끼지 않는 사람이 아니라 두려움을 극복하는 사람이다.

• triumph over ~을 극복하다

To be brave is to love someone unconditionally, without expecting anything in return.

– Madonna

용감하다는 것은 누군가를 아무런 대가를 바라지 않고 무조건적으로 사랑하는 것이다.

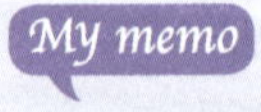

• unconditionally 무조건적으로 in return 보답으로

All brave men love; for he only is brave who has affections to fight for, whether in the daily battle of life, or in physical contests.

– Nathaniel Hawthorne

모든 용감한 사람은 사랑을 한다.
일상적인 삶의 투쟁에서든, 육체적인 경쟁에서든,
지켜낼 애정이 있는 사람만이 진정으로 용감한 사람이기 때문이다.

Courage doesn't mean you don't get afraid.
Courage means you don't let fear stop you.

– Bethany Hamilton

용기는 두려워하지 않는다는 뜻이 아니다.
용기는 두려움에 굴하지 않는다는 뜻이다.

My memo

• courage 용기

Physical bravery is an animal instinct;
moral bravery is much higher and truer courage.

– Wendell Phillips

육체적 용기는 동물적 본능이지만,
도덕적 용기는 훨씬 더 고상하고 진정한 용기이다.

• instinct 본능 moral 도덕적인

A brave man is a man who dares to look the Devil in the face and tell him he is a Devil.

– James A. Garfield

용감한 사람이란 악마를 감히 똑바로 쳐다보며 악마라고 말할 수 있는 사람이다.

My memo

The secret to happiness is freedom.
And the secret to freedom is courage.

– Thucydides

행복의 비밀은 자유다. 그리고 자유의 비밀은 용기다.

FEAR has two meanings: Forget Everything And Run. Face Everything And Rise.

– Zig Ziglar

두려움(FEAR)이란 말에는 두가지 뜻이 있다.
모든 것을 잊고 도망치는 것. 모든 것에 맞서 일어서는 것.

Courage does not always roar, sometimes it's the quiet voice at the end of the day saying, I will try again tomorrow.

– Mary Anne Radmacher

용기는 항상 큰 소리로 외치는 것이 아니라, 때로는 하루가 끝날 무렵 조용한 목소리로 "내일 다시 도전하겠어."라고 말하는 것이다.

• roar 외치다, 으르렁거리다

What counts is not necessarily the size of the dog in the fight, it's the size of the fight in the dog.

– Dwight D. Eisenhower

싸움에서 중요한 것은 개의 크기가 아니라 그 개 안에 있는 투지의 크기이다.

• fight 싸움, 투지

Courage is what it takes to stand up and speak.
Courage is also what it takes to sit down and listen.

– Winston Churchill

용기란 일어서서 말하는 데 필요한 것이다.
그리고 앉아서 듣는 데 필요한 것 또한 용기다.

My memo

It's not because things are difficult that we do not dare, it is because we do not dare that things are difficult.

– Seneca

어려워서 감히 도전하지 못하는 것이 아니라,
감히 도전하지 못하기 때문에 어려운 것이다.

My memo

• dare 감히 ~하다

You gain strength, courage, and confidence by every experience in which you really stop to look fear in the face.

– Eleanor Roosevelt

당신은 두려움을 마주하는 모든 경험을 통해 힘과 용기, 그리고 자신감을 얻게 된다.

My memo

Chapter 6

영원한 우정을 찾아서

Friendship improves happiness and abates misery,
by the doubling of our joy and the dividing of our grief.

– Cicero

우정은 기쁨을 두 배로 늘리고 슬픔을 반으로 나눔으로서
행복을 증진시키고 고통을 덜어준다.

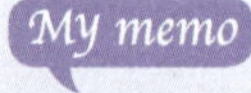

• abate 줄이다, 약하게 하다

Purchase not friends by gifts.
When thou ceasest to give, such will cease to love.

– Thomas Fuller

친구를 선물로 사지 말라.
선물 주는 것을 멈추면, 그 사랑도 끝이 날 것이다.

My memo

• purchase 사다 ceasest(고대 영어, 현대 영어로 cease) 멈추다

How about 'diamonds are a girl's best friends?' Nope. It should be switched around and pointed out, instead, that your best friends are diamonds.

– Gina Barreca

'다이아몬드는 여자의 가장 친한 친구'라고요?
아뇨. 오히려 반대로, 가장 친한 친구가 바로 그 다이아몬드라고 해야죠.

My memo

In prosperity our friends know us,
in adversity we know our friends.

– John Churton Collins

풍요 속에서 친구들은 우리를 알게 되고,
역경 속에서 우리는 친구들을 알게 된다.

• prosperity 번영, 풍요 adversity 역경

Think not those faithful who praise all your words and actions, but those who kindly reprove your faults.

– Isocrates

당신의 모든 말과 행동을 칭송하는 사람을 믿지 말고, 당신의 결점을 친절하게 타이르는 사람을 믿어라.

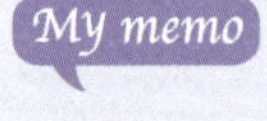

• praise 칭찬하다　reprove 타이르다

All love that has not friendship for its base, is like a mansion built up on sand.

– Ella Wheeler Wilcox

우정이 바탕이 되지 않는 모든 사랑은 모래 위에 지은 집과 같다.

• mansion 대저택

"Why did you do all this for me?" he asked.
"I don't deserve it. I've never done anything for you."
"You have been my friend," replied Charlotte.
"That in itself is a tremendous thing."

– E. B. White

"왜 이렇게까지 날 위해서 이 모든 걸 해준 거야?" 그가 물었다.
"난 그럴 자격이 없어. 너한테 아무것도 해준 게 없는걸."
"넌 내 친구잖아." 샬롯이 대답했다. "그것만으로도 엄청난 거야."

My memo

• deserve ~할 자격이 있다 tremendous 엄청난

Don't walk in front of me, I may not follow.
Don't walk behind me, I may not lead.
Walk beside me, just be my friend.

– Albert Camus

내 앞에서 걷지 마라, 따라가지 못할지도 모른다.
내 뒤에서 걷지 마라, 이끌지 못할지도 모른다.
내 옆에서 걸어라, 그저 나의 벗이 되어라.

• beside 옆에

It is not our purpose to become each other; it is to recognize each other, to learn to see the other and honor him for what he is.

– Hermann Hesse

우리의 목적은 서로가 되는 것이 아니라 서로를 인정하고, 있는 그대로의 모습을 이해하고 존중하는 것일세.

• recognize 인정하다   honor 존중하다

Never explain, your friends do not need it and your enemies will not believe you anyway.

– Elbert Hubbard

설명하지 마라, 친구라면 설명할 필요 없고 적이라면 어쨌든 믿지 않을 테니.

My memo

• explain 설명하다

A friend is one who joyfully sings with you when you are on the mountaintop, and silently walks beside you through the valley.

– William Arthur Ward

친구란 당신이 산 정상에 있을 때 같이 즐겁게 노래하고,
골짜기를 지날 때는 말없이 곁에서 걷는 사람이다.

Many people will walk in and out of your life,
but only true friends will leave footprints in your heart.

– Eleanor Roosevelt

많은 사람들이 당신의 삶에 들어왔다 나가겠지만,
오직 진정한 친구만이 당신의 마음에 흔적을 남깁니다.

• footprint 발자국, 흔적

If you live to be a hundred, I want to live to be a hundred minus one day so I never have to live without you.

– Joan Powers

만일 네가 100살까지 산다면 나는 그 100살에서 하루를 덜 살고 싶어.
그러면 너 없이 살지 않아도 될 테니까.

My memo

Silence make the real conversations between friends. Not the saying, but the never needing to say that counts.

– Margaret Lee Runbeck

침묵은 친구들 사이의 진정한 대화를 만들어낸다. 중요한 것은 말이 아니라, 말할 필요가 없다는 것이다.

• conversation 대화

When you ask God for a gift, be thankful if he sends, not diamonds, pearls or riches, but the love of real true friends.

– Helen Steiner Rice

당신이 신께 선물을 구할 때, 다이아몬드나 진주 혹은 재물이 아니라 진정한 친구들의 사랑을 보내주신다면 감사하십시오.

A true friend is someone who thinks that you are a good egg even though he knows that you are slightly cracked.

– Bernard Meltzer

진정한 친구는 당신이 약간 흠이 있다는 것을 알더라도 좋은 사람이라고 생각해 주는 사람이다.

• a good egg 좋은 사람, 믿을 수 있는 사람　cracked 흠이 있는, 금이 간

True friends visit us in prosperity only when invited, but in adversity they come without invitation.

– Theophrastus

진정한 친구는 우리가 잘될 때는 초대받았을 때만 찾아오지만,
우리가 어려움에 처했을 때는 초대받지 않아도 찾아온다.

My memo

Each new friendship can make you a new person,
because it opens up new doors inside of you.

– Kate DiCamillo

새로운 우정을 쌓을 때마다 당신은 새로운 사람이 될 수 있다.
왜냐하면 우정은 당신 내면의 새로운 문을 열어주기 때문이다.

My memo

Friendship is the source of the greatest pleasures, and without friends even the most agreeable pursuits become tedious.

– Thomas Aquinas

우정이란 가장 큰 즐거움의 원천이며, 친구 없이는 아무리 즐거운 일이라도 지루해진다.

My memo

• tedious 지루한

Friendship is born at the moment when one man says to another "What! You too? I thought that no one but myself!"

– C. S. Lewis

우정이란 한 사람이 다른 사람에게 "뭐! 너도? 나만 그런 줄 알았어!"라고 말하는 순간에 생겨난다.

My memo

• at the moment 바로 지금, 그때

Chapter 7

사랑을 찾아서

Immature love says, I love you because I need you, mature love says, I need you because I love you.

– Erich Fromm

미숙한 사랑은 당신이 필요해서 당신을 사랑한다고 하지만 성숙한 사랑은 당신을 사랑해서 당신이 필요하다고 한다.

• immature 미숙한 mature 성숙한

Love does not consist in gazing at each other,
but in looking together in the same direction.

– Antoine de Saint-Exupéry

사랑은 두 사람이 마주 보는 것이 아니라 같은 방향을 함께 바라보는 것이다.

My memo

• gaze 바라보다

To love someone is nothing,
to be loved by someone is something,
to love someone who loves you is everything.

– Bill Russell

누군가를 사랑하는 것은 아무것도 아니다.
누군가에게 사랑받는 것은 의미 있는 일이다.
당신을 사랑하는 사람을 사랑하는 것은 가장 중요한 것이다.

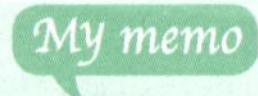

Just because you love someone doesn't mean you have to be involved with them. Love is not a bandage to cover wounds.

– Hugh Elliot

누군가를 사랑한다고 해서 무조건 감싸줘야 하는 것은 아니다.
사랑은 상처를 덮는 붕대가 아니기 때문이다.

• wound 상처

To the world you may be one person,
but to one person you may be the world.

– Dr. Seuss

이 세상에게 당신은 그저 한 사람일 뿐이겠지만
누군가에게 당신은 세상 전부일지도 모른다.

My memo

A successful marriage requires falling in love many times, always with the same person.

– Mignon McLaughlin

성공적인 결혼은 매번 같은 사람과 여러 번 사랑에 빠지는 것이다.

• require 필요하다

There is never a time or place for true love.
It happens accidentally, in a heartbeat, in a single flashing, throbbing moment.

– Sarah Dessen

진정한 사랑에는 시간이나 장소가 없다.
그것은 우연히, 순식간에, 한순간의 떨리는 순간에 찾아온다.

My memo

• throbbing 두근거리는

One day you will ask me which is more important?
My life or yours?
I will say mine and you will walk away not knowing that you are my life.

– Khalil Gibran

언젠가 당신은 내 삶과 당신의 삶 중 뭐가 더 중요한지 묻겠죠.
그럼 나는 내 삶이라고 답할 거고,
당신이 바로 내 삶이라는 걸 모르는 채로 당신은 날 떠나가겠죠.

• walk away 떠나다

Love is a special word, and I use it only when I mean it.
You say the word too much and it becomes cheap.

– Ray Charles

사랑은 특별한 단어라서 오직 내가 진심일 때만 사용한다.
너무 자주 말하면 가치가 없어져 버리니까.

My memo

Loved you yesterday, love you still,
always have, always will.

– Elaine Davis

어제 당신을 사랑했고, 지금도 여전히 사랑해,
항상 사랑해 왔고, 앞으로도 사랑할 거야.

• still 여전히, 아직도

You know you're in love when you can't fall asleep because reality is finally better than your dreams.

– Dr. Seuss

사랑에 빠졌다는 건, 현실이 꿈보다 훨씬 더 아름다워서 잠들 수 없을 때 알게 되는 것이다.

My memo

I love thee, I love thee with a love that shall not die.
Till the sun grows cold and the stars grow old.

– William Shakespeare

당신을 사랑하오. 결코 죽지 않을 사랑으로 당신을 사랑하오.
태양이 차가워지고 별들이 늙어갈 때까지.

My memo

Love is the emblem of eternity, it confounds all notion of time, effaces all memory of a beginning, all fear of an end.

– Madame de Stael

사랑은 영원의 상징이며, 시간의 개념을 무색하게 하고, 시작에 대한 모든 기억과 끝에 대한 모든 두려움을 지워버린다.

• efface 지우다

Don't you understand? You mean more to me than anything in this whole world!

– J. M. Barrie

모르겠어? 넌 이 세상 그 무엇보다 나에게 의미 있는 존재라는 걸!

My memo

I love you not only for what you are,
but for what I am when I am with you.

– Elizabeth Barrett Browning

나는 당신이 있는 그대로의 모습뿐만 아니라,
당신과 함께 있을 때의 나 자신까지도 사랑합니다.

• not only A but B A뿐만 아니라 B도

There is always some madness in love.
But there is also always some reason in madness.

– Friedrich Nietzsche

사랑에는 언제나 약간의 광기가 있다.
그러나 그 광기에는 언제나 약간의 이성도 있다.

• madness 광기

Love is not a product of reasonings and statistics. It just comes-none knows whence-and cannot explain itself.

– Mark Twain

사랑은 이성과 통계의 산물이 아니다.
사랑은 그저 찾아올 뿐, 어디서 오는지 아무도 모르며, 설명할 수도 없다.

• whence 어디로부터

Love cures people, both the ones who give it and the ones who receive it.

– Karl Menninger

사랑은 사랑을 주는 사람과 사랑을 받는 사람 모두를 치유한다.

My memo

Love is more than a noun, it is a verb; it is more than a feeling, it is caring, sharing, helping, sacrificing.

– William Arthur Ward

사랑은 명사 그 이상이다. 사랑은 동사이다.
사랑은 감정 그 이상이다. 사랑은 보살핌, 나눔, 도움, 희생이다.

My memo

It is only with the heart that one can see rightly; what is essential is invisible to the eye.

– Antoine de Saint-Exupéry

마음으로 봐야만 정확히 볼 수 있어.
정말 중요한 것은 눈으로는 보이지 않거든.

• essential 필수적인, 아주 중요한   invisible 보이지 않는

Chapter 8

삶의 의미를 찾아서

As you grow older, you will discover that you have two hands. One for helping yourself, the other for helping others.

– Audrey Hepburn

나이가 들어가면서 당신은 손이 두 개라는 걸 알게 될 겁니다.
하나는 나를 도우는 손이고, 다른 하나는 남을 도우는 손이죠.

• grow old 나이들다

I'm not going to continue knocking that old door that doesn't open for me. I'm going to create my own door and walk through that.

– Ava DuVernay

난 더 이상 내게 열리지 않는 저 낡은 문을 두드리지 않을 거야.
나만의 문을 만들어서 그 문으로 걸어 나갈 거야.

My memo

Life is a series of collisions with the future; it is not the sum of what we have been, but what we yearn to be.

– Jose Ortega y Gasset

인생은 미래와의 끝없는 충돌의 연속이다.
인생은 우리가 겪은 것의 총합이 아니라 우리가 되고자 갈망하는 것의 총합이다.

My memo

• collision 충돌 yearn 갈망하다

Don't be too timid and squeamish about your actions. All life is an experiment. The more experiments you make the better.

– Ralph Waldo Emerson

너무 소심하고 까다롭게 자신의 행동을 고민하지 마라.
모든 삶은 실험이다. 더 많이 실험할수록 더 나아질 것이다.

• timid 소심한 squeamish 까다로운

Perhaps our eyes need to be washed by our tears once in a while, so that we can see Life with a clearer view again.

– Alex Tan

어쩌면 우리가 삶을 더 명확하게 바라볼 수 있도록 가끔씩은 눈물로 우리의 눈을 씻을 필요가 있는 것 같군요.

My memo

I still find each day too short for all the thoughts I want to think, all the walks I want to take, all the books I want to read, and all the friends I want to see.

– John Burroughs

하루가 너무 짧아서 내가 생각하고 싶은 모든 생각,
걷고 싶은 모든 길들, 내가 읽고 싶은 모든 책들,
내가 보고 싶은 모든 친구들을 만나기에는 시간이 부족하다고 느낀다.

My memo

Life is tough, and if you have the ability to laugh at it, you have the ability to enjoy it.

– Salma Hayek

인생은 힘들지만, 그 인생에 대고 웃을 수 있는 능력이 있다면, 인생을 즐길 수 있는 능력도 있습니다.

My memo

• tough 힘든, 어려운

Never be bullied into silence.
Never allow yourself to be made a victim.
Accept no one's definition of your life; define yourself.

– Harvey Fierstein

절대로 침묵을 강요당하지 말라.
절대로 자신을 희생자로 만들지 말라.
다른 사람이 당신의 삶을 정의하도록 두지 말라. 스스로 삶을 정의해라.

My memo

You may not always end up where you thought you were going, but you will always end up where you were meant to be.

– Jessica Taylor

당신이 가고자 했던 곳에 도착하지 못할 수도 있지만,
결국 당신은 있어야 할 곳에 도착하게 될 것이다.

My memo

I really think a champion is defined not by their wins, but by how they can recover when they fall.

– Serena Williams

저는 챔피언은 승리로 정의되는 것이 아니라,
패배했을 때 어떻게 만회하느냐로 정의된다고 생각합니다.

My memo

• recover 만회하다

Deep human connection is the purpose and the result of a meaningful life, and it will inspire the most amazing acts of love, generosity, and humanity.

– Melinda Gates

진정한 인간 관계란 의미 있는 삶의 목적이자 결과이며,
사랑, 관용, 그리고 인간애의 가장 놀라운 행동을 불러 일으킨다.

• generosity 관용, 너그러움

Extraordinary people survive under the most terrible circumstances and they become more extraordinary because of it.

– Robertson Davies

특별한 사람들은 가장 끔찍한 상황에서도 살아남고 그로 인해 그들은 더욱 특별해진다.

My memo

• extraordinary 특별한　circumstance 상황

In three words I can sum up everything I've learned about life. It goes on.

– Robert Frost

내가 삶에 대해 배운 모든 것들을 세 단어로 요약할 수 있다.
'인생은 계속 이어진다'는 것이다.

My memo

• sum up 요약하다

A good life is when you assume nothing, do more, smile often, dream big, laugh a lot and realize how blessed you are for what you have.

– Zig Ziglar

좋은 삶이란 아무것도 당연하게 여기지 않고, 더 많이 행동하고, 자주 웃고, 큰 꿈을 꾸고, 많이 웃고, 당신이 가진 것이 얼마나 축복받았는지를 깨닫는 것이다.

Don't go around saying the world owes you a living. The world owes you nothing. It was here first.

– Mark Twain

세상이 당신에게 먹고 살 길을 빚졌다고 떠벌리지 마라.
세상은 당신에게 빚진 것이 아무것도 없다.
세상은 당신보다 먼저 존재했기 때문이다.

• go around saying ~라고 떠벌리고 다니다

Your worth consists in what you are, and not in what you have. What you are will show in what you do.

– Thomas Davidson

당신의 가치는 당신이 무엇을 가지고 있는지가 아니라
당신이 어떤 사람인지에 달려 있다.
당신이 어떤 사람인지는 당신이 무슨 행동을 하는지에서 드러날 것이다.

• worth 가치

Friendship, awareness, happiness, all of the arts of the good life, are brilliant beads strung on the golden cord of love.

– Wilferd Peterson

우정, 깨달음, 행복, 그리고 좋은 삶을 위한 모든 방법은 사랑이란 황금 줄에 꿰어진 찬란한 구슬과 같다.

Carpe diem!
Rejoice while you are alive; enjoy the day;
live life to the fullest; make the most of what you have.

– Horace

카르페 디엠!
살아있을 때 기뻐하라, 오늘을 즐겨라,
인생을 최대한으로 누려라, 가진 것을 최대한 활용하라.

My memo

Promise me you'll always remember: You're braver than you believe, and stronger than you seem, and smarter than you think.

– A. A. Milne

항상 기억하겠다고 약속해 줘. 너는 네가 믿는 것보다 더 용감하고, 보이는 것보다 더 힘이 세고, 네가 생각하는 것보다 더 똑똑하다는 걸 말이야.

My memo

• seem ~처럼 보이다

Why worry? If you've done the very best you can, worrying won't make it any better.

– Walt Disney

왜 걱정하는가? 당신이 할 수 있는 최선을 다했다면 걱정한다고 해서 더 나아지지는 않는다.

My memo

Chapter 9

지혜로운 삶을 찾아서

There's a beauty to wisdom and experience that cannot be faked. It's impossible to be mature without having lived.

– Amy Grant

지혜와 경험에는 흉내 낼 수 없는 아름다움이 있다.
삶을 살아보지 않고서는 성숙해질 수 없다.

My memo

Work like you don't need the money.
Love like you've never been hurt.
Dance like nobody's watching.

– Satchel Paige

돈이 필요없는 것처럼 일하고,
상처받은 적 없는 것처럼 사랑하고,
아무도 보지 않는 것처럼 춤춰라.

Talent is God given. Be humble.
Fame is man-given. Be grateful.
Conceit is self-given. Be careful.

– John Wooden

재능은 신이 주신 것이다. 겸손하라.
명성은 사람이 주는 것이다. 감사하라.
자만심은 스스로가 주는 것이다. 조심하라.

My memo

• conceit 자만심

Life is not about waiting for the storm to pass,
it's about learning to dance in the rain.

– Vivian Greene

인생은 폭풍이 지나가기를 기다리는 것이 아니라,
비 속에서 춤추는 법을 배우는 것입니다.

My memo

It takes 20 years to build a reputation and five minutes to ruin it. If you think about that, you'll do things differently.

– Warren Buffett

명성을 쌓는 데는 20년이라는 시간이 걸리지만 그 명성을 망가뜨리는 데는 5분이 걸린다. 이를 명심한다면 당신의 행동이 달라질 것이다.

My memo

• reputation 명성

We are made wise not by the recollection of our past, but by the responsibility for our future.

– George Bernard Shaw

우리는 과거에 대한 기억으로 지혜로워지는 것이 아니라,
미래에 대한 책임감을 통해 지혜로워지는 것이다.

My memo

• recollection 기억

Whoever fights monsters should see to it that in the process he does not become a monster. And if you gaze long enough into an abyss, the abyss will gaze back into you.

– Friedrich Nietzsche

괴물과 싸우는 사람은 스스로 괴물이 되지 않도록 조심해야 한다. 당신이 심연을 오랫동안 들여다보면, 그 심연 또한 당신을 들여다보게 될 것이다.

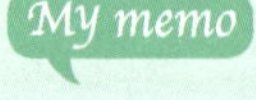

• abyss 심연

I was a long time learning that wisdom and experience are things apart; that to taste life is not to be confused with understanding what life is really all about.

– Wallis Simpson

지혜와 경험은 별개라는 사실, 즉 삶을 맛보는 것과 삶의 진정한 의미를 이해하는 것은 혼동되어서는 안된다는 것을 깨닫는 데 오랜 시간이 걸렸다.

My memo

One child, one teacher, one book and one pen can change the world.

– Malala Yousafzai

아이 한 명, 선생님 한 명, 책 한 권과 펜 한 개가 세상을 바꿀 수 있다.

Knowledge can be communicated, but not wisdom. One can find it, live it, be fortified by it, do wonders through it, but one cannot communicate and teach it.

– Hermann Hesse

지식은 전달될 수 있지만 지혜는 그렇지 않다.
지혜는 발견하고, 살아보고, 그것으로 강해지고,
그것을 통해 놀라운 일을 해낼 수 있지만, 전달하거나 가르칠 수는 없다.

My memo

Imagination is more important than knowledge.
Knowledge is limited. Imagination encircles the world.

– Albert Einstein

상상력은 지식보다 중요하다.
지식은 한계가 있지만 상상력은 세상을 둘러싸고 있기 때문이다.

My memo

• encircle 둘러싸다

We can be knowledgeable with other men's knowledge, but we cannot be wise with other men's wisdom.

– Michel de Montaigne

우리는 타인의 지식으로 박식해질 수는 있지만,
타인의 지혜로 지혜로워질 수는 없다.

• knowledgeable 박식한

Destiny is no matter of chance. It is a matter of choice. It is not a thing to be waited for, it is a thing to be achieved.

– William Jennings Bryan

운명은 우연의 문제가 아니라 선택의 문제다. 기다려야 할 일이 아니라, 이루어야 할 일인 것이다.

My memo

• achieve 이루다

To acquire knowledge, one must study;
but to acquire wisdom, one must observe.

– Marilyn vos Savant

지식을 얻기 위해서는 공부해야 하지만,
지혜를 얻기 위해서는 관찰해야 한다.

There are only two ways to live your life.
One is as though nothing is a miracle.
The other is as though everything is a miracle.

– Albert Einstein

당신의 인생을 사는 데는 두 가지 방법이 있다. 하나는 기적이란 없는 것처럼 사는 것이고 다른 하나는 모든 것이 기적인 것처럼 사는 것이다.

My memo

• as though 마치 ~인 것처럼

Learning sleeps and snores in libraries,
but wisdom is everywhere, wide awake, on tiptoe.

– Josh Billings

배움은 도서관에서 잠들고 코를 골지만,
지혜는 어디에서든 완전히 잠에서 깬 채 발끝으로 서 있다.

My memo

In any given moment we have two options:
to step forward into growth or step back into safety.

– Abraham Maslow

어떤 순간에도 우리에게는 두 가지 선택권이 있다.
성장을 향해 전진하거나 안전을 향해 후퇴하거나.

My memo

• growth 성장

If it's knowledge and wisdom you want, then seek out the company of those who do real work for an honest purpose.

– Edward Abbey

지식과 지혜를 얻고 싶다면, 정직한 목적을 가지고 진심으로 일하는 사람들과 어울려라.

My memo

Wisdom is not a product of schooling but of the lifelong attempt to acquire it.

– Albert Einstein

지혜는 학교에서 얻어지는 것이 아니라, 지혜를 얻고자 평생에 걸쳐 노력하는 과정에서 얻어지는 것이다.

• attempt to ~하려고 시도하다

Life is a dream for the wise, a game for the fool,
a comedy for the rich, a tragedy for the poor.

– Sholom Aleichem

삶이란 현명한 자에게는 꿈이고, 어리석은 자에게는 놀이이며,
부유한 자에게는 희극이고, 가난한 자에게는 비극이다.

Chapter 10

끊임없는 배움을 찾아서

It is the studying that you do after your school days that really counts. Otherwise, you know only that which everyone else knows.

– Henry Latham Doherty

졸업 후에 배우는 것이야말로 정말로 중요한 것이다.
그렇지 않으면 남들이 다 아는 것만 알게 될 뿐이다.

My memo

A truly great book should be read in youth, again in maturity and once more in old age, as a fine building should be seen by morning light, at noon and by moonlight.

– Robertson Davies

훌륭한 건물은 아침 햇살에 비춰보고, 한낮에도 보고 달빛에도 비춰봐야 하듯이 진정으로 훌륭한 책은 어린 시절에 읽고, 장년기에 읽고, 노년기에도 다시 한번 더 읽어야 한다.

My memo

• youth 어린 시절 maturity 장년기

There is no mistaking a real book when one meets it. It is like falling in love.

– Christopher Morley

진짜 책을 만나면 틀림없이 그 책을 알아볼 수 있다.
마치 사랑에 빠지는 것처럼.

• fall in love 사랑에 빠지다

The mediocre teacher tells. The good teacher explains. The superior teacher demonstrates. The great teacher inspires.

– William Arthur Ward

평범한 선생님은 말한다. 좋은 선생님은 설명한다.
뛰어난 선생님은 시범을 보인다. 위대한 선생님은 영감을 준다.

• mediocre 평범한　demonstrate 시험을 보이다, 설명하다

One learns from books and example only that certain things can be done. Actual learning requires that you do those things.

– Frank Herbert

책이나 사례를 통해 배우는 것은 어떤 일이 가능하다는 것만 알 수 있다.
진정한 학습을 위해서는 그 일들을 직접 해봐야 한다.

My memo

The reading of all good books is like a conversation with the finest men of past centuries.

– René Descartes

좋은 책을 읽는 것은 지난 세기의 가장 훌륭한 사람들과 이야기 나누는 것과 같다.

My memo

Learning is not attained by chance,
it must be sought for with ardor and diligence.

– Abigail Adams

배움은 우연히 얻어지는 것이 아니라,
열정과 부지런함으로 추구해야 얻을 수 있다.

My memo

• ardor 열정

Learn everything you can, anytime you can, from anyone you can. There will always come a time when you will be grateful you did.

– Sarah Caldwell

가능한 배울 수 있는 모든 것을, 언제든, 누구에게든 배우세요.
언젠가 그렇게 하길 잘했다고 감사하게 될 순간이 반드시 올 것입니다.

You can't let your failures define you. You have to let your failures teach you. You have to let them show you what to do differently the next time.

– Barack Obama

실패가 당신을 정의하게 해서는 안 됩니다. 실패를 통해 배워야 합니다. 다음에는 무엇을 다르게 해야 할지 보여줘야 합니다.

My memo

The only person who is educated is the one who has learned how to learn and change.

– Carl Rogers

진정으로 배운 사람은 배우는 법과 변화하는 법을 아는 사람뿐이다.

My memo

I can never stand still. I must explore and experiment.
I am never satisfied with my work.
I resent the limitations of my own imagination.

– Walt Disney

나는 결코 가만히 있을 수 없다. 탐구하고 실험해야만 한다.
나는 절대로 내 작품에 만족하지 않는다.
나는 내 상상력의 한계가 원망스럽다.

My memo

• resent 원망하다

Shall I tell you the secret of the true scholar?
It is this: every man I meet is my master in some point, and in that I learn of him.

– Ralph Waldo Emerson

제가 진정한 학자의 비밀을 알려드릴까요?
그것은 바로 제가 만난 모든 사람들은 어떤 점에서든 제 선생님이고
저는 그들에게서 배움을 얻는다는 것입니다.

• scholar 학자

Resolve to edge in a little reading every day, if it is but a single sentence. If you gain fifteen minutes a day, it will make itself felt at the end of the year.

– Horace Mann

매일 단 한 문장이라도 조금씩 독서하기로 결심하라.
하루에 15분씩 시간을 투자한다면, 연말에는 그 변화가 느껴질 것이다.

My memo

• resolve to ~하기로 결심하다

Develop a passion for learning.
If you do, you will never cease to grow.

– Anthony J. D'Angelo

학습에 대한 열정을 키워라. 그러면 당신은 끊임없이 성장할 것이다.

• develop 발전시키다

Read not to contradict and confute, nor to find talk and discourse, but to weigh and consider.

– Francis Bacon

반박하거나 오류를 찾기 위해서라든지 대화나 이야깃거리를 찾기 위해서 책을 읽지 말고, 사색과 고찰을 위해 책을 읽어라.

• contradict 반박하다 discourse 이야기

A good novel tells us the truth about its hero;
but a bad novel tells us the truth about its author.

– G. K. Chesterton

좋은 소설은 주인공의 진실을 알려주지만, 나쁜 소설은 작가의 진실을 알려준다.

My memo

• hero 영웅, 주인공 author 작가

You don't learn to walk by following rules.
You learn by doing, and by falling over.

– Richard Branson

걷는 방법은 규칙을 따르면서 배우는 것이 아니다.
직접 해보고 넘어지면서 배우는 것이다.

My memo

Just the knowledge that a good book is awaiting one at the end of a long day makes that day happier.

– Kathleen Norris

긴 하루의 끝에 좋은 책이 기다리고 있다는 사실만으로도 그 하루는 더욱 행복해진다.

• knowledge 아는 것, 지식 await 기다리다

To acquire the habit of reading is to construct for yourself a refuge from almost all the miseries of life.

– W. Somerset Maugham

책 읽는 습관을 들인다는 것은 인생 대부분의 고통으로부터 벗어날 수 있는 나만의 피난처를 세우는 것이다.

• construct 세우다 refuge 피난처 misery 고통, 고난

People learn what they want to learn.
If learning is forced on us,
even if we master it temporarily, it is soon forgotten.

– Daniel Goleman

사람들은 자신이 배우고 싶은 것을 배운다.
배움이 강요된다면, 잠깐동안 통달하더라도 곧 잊어버리게 된다.

My memo

세계의 지성 200인이 전하는 삶을 대하는 태도

*200*개의 위대한

영어 명문장 필사

저 자 이원준

발행인 고본화

발 행 탑메이드북

2026년 03월 05일 초판 1쇄 인쇄

2026년 03월 10일 초판 1쇄 발행

홈페이지 www.bansok.co.kr

이메일 bansok@bansok.co.kr

블로그 blog.naver.com/bansokbooks

07547 서울시 강서구 양천로 583. B동 1007호

(서울시 강서구 염창동 240-21번지 우림블루나인 비즈니스센터 B동 1007호)

대표전화 02) 2093-3399 **팩 스** 02) 2093-3393

출 판 부 02) 2093-3395 **영업부** 02) 2093-3396

등록번호 제315-2008-000033호

ISBN 978-89-7172-128-5